AF359400

NOUVEAUX PROCÉDÉS

DE PHOTOGRAPHIE.

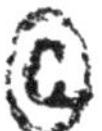

Paris. — Impr. de MOQUET, rue de la Harpe, 90.

NOUVEAUX PROCÉDÉS

DE

PHOTOGRAPHIE

SUR PAPIER ET SUR VERRE,

SUIVIS D'UNE NOTICE

SUR LE PROCÉDÉ AMÉRICAIN,

ET DE CELUI DE M. HUMBERT DE MOLARD;

PAR UNE SOCIÉTE DE PHOTOGRAPHISTES,

et publiés par ROMIEU

MEMBRE DE L'ATHÉNÉE DES BEAUX ARTS.

———◆◦◦◦◆———

PARIS.
RUE DE RAMBUTEAU, 45.
1851

INTRODUCTION.

La Photographie sur papier et sur verre, quoique faisant chaque jour de rapides progrès, n'est pas encore arrivée au degré de perfection qu'elle doit atteindre; elle ne l'atteindra que lorsque tous ceux qui veulent sérieusement le progrès de cet art publieront franchement et sans réserves le résultat de leurs découvertes.

Déjà de nombreuses brochures ont paru; elles ont tout d'abord ranimé le zèle et l'ardeur des Photographistes, qui, tous à l'envi, ont mis en pratique les divers procédés qu'elles renfermaient, mais bientôt l'enthousiasme s'est éteint et le découragement s'est emparé du plus grand nombre, parce que les résultats qu'ils ont obtenus n'ont pas répondu à leur attente.

Doivent-ils attribuer leurs déceptions à la difficulté des manipulations, à l'impureté des produits chimiques qu'ils ont employés, à la fabrication défectueuse des papiers dont ils se sont servis, ou aux réticences des auteurs ?

Ils ont pu croire à cette dernière présomption en voyant chez leurs maîtres la beauté de leurs épreuves, comparativement à l'infériorité de celles qu'ils ont obtenues en suivant leurs procédés. Malgré toutes les suppositions qu'on pourrait faire à ce sujet, il n'en est pas moins vrai que ce qu'ils ont livré à la publicité a fait faire un progrès immense à la Photographie, et, un jour à venir des communications de chacun, naîtra la perfection.

C'est cette espérance qui m'a déterminé à livrer au public sans aucune réticence les divers procédés qui m'ont été communiqués et avec lesquels on obtiendra, à chaque fois, de bons résultats.

J'ai cru être utile aux Photographistes en ajoutant à cette brochure quelques notions pratiques sur le procédé américain qui n'est pas encore parfaitement connu, et en indiquant les nuances que doivent avoir les plaques pour obtenir de très beaux portraits à chaque fois.

Ils trouveront dans ma maison de commerce, connue depuis la naissance du Daguerréotype, non seulement tout ce qui est nécessaire à la confection des portraits et des vues sur plaque métallique, mais encore tout ce qui est relatif à la Photographie en général.

Mes objectifs pour portraits et pour vues sont fabriqués avec un soin tout particulier, et les nouveaux procédés mis en usage pour la fabrication des verres, leur permettent de rivaliser avec les objectifs allemands ; ils ont moins d'aberration de sphéricité, ils ont autant de netteté, opèrent aussi rapidement, et ont l'avantage de coûter moitié moins cher.

Mes articles d'ébénisterie ne laissent rien à désirer sous le rapport de l'élégance et de la solidité.

Mes nouveaux modèles de passepartouts bizeau et de mes divers encadrements, ainsi que la réduction de leurs prix, prouveront que je ne néglige rien pour être agréable à mes clients.

PHOTOGRAPHIE

SUR PAPIER.

Il n'est pas inutile de rappeler aux Photographistes, que, pour obtenir de bons résultats, ils doivent avoir de bons instruments, des produits chimiques très purs et des papiers de bonne qualité.

Pour l'achat de leurs Daguerréotypes nous ne
pouvons mieux faire que de les engager à avoir re-
cours à l'intermédiaire de M. Romieu, éditeur de cette

brochure, qui connaît parfaitement ceux des opticiens de Paris qui confectionnent les meilleurs objectifs ; nous ne les nommerons pas dans la crainte de blesser l'amour propre et la susceptibilité de quelques-uns d'entre eux dont nous pourrions involontairement avoir omis les noms.

Plusieurs fabricants de produits chimiques de Paris s'occupent spécialement de la préparation des substances chimiques relatives à la Photographie sur papier, sur verre et sur plaques métalliques. On pourra encore, pour l'achat de ces diverses préparations, s'adresser à M. Romieu qui les livrera aux mêmes prix que les fabricants.

Quant au choix des papiers, nous recommanderons les Canson, les Marion, les Angoulême, comme les meilleurs. Les papiers anglais Watemann, tant vantés par quelques amateurs comme donnant plus de vigueur aux épreuves, ne valent certainement pas les nôtres. Il sera facile de s'en convaincre en en faisant l'essai.

NOUVEAU PROCÉDÉ

DE PHOTOGRAPHIE

SUR PAPIER

PAR MM. HUMBERT DE MOLARD ET AUBRÉE,

Présenté à l'Académie des sciences
Par M. **HUMBERT**, lundi 31 mars 1851.

———

On peut obtenir un portrait en pleine lumière de 4 à 10 secondes.

———

1er BAIN.

Hydriodate d'ammoniaque   10 grammes.
Eau distillée   250   —

Faites dissoudre le sel dans l'eau distillée et filtrez.

On met cette liqueur dans une bassine en faïence ou en porcelaine, ensuite on applique sur ce bain, d'un côté seulement, pendant une minute environ, une feuille de papier Canson de la plus belle pâte, on a le soin de soulever la feuille de papier afin de s'assurer qu'il n'y a pas de globules d'air qu'il faut faire disparaître, afin d'éviter les taches qu'ils formeraient par la non-imbibition du papier.

Cela étant fait, on retire la feuille de papier et on la suspend par un de ses angles. Cette opération peut être faite à la lumière; cette feuille de papier devient violette si le sel dont on s'est servi est jaune; elle reste blanche au contraire si le sel est blanc; cette coloration du sel est due à une certaine quantité d'iode mise à nu ~~par suite~~ d'évaporation d'ammoniaque.

On peut immerger la feuille dans ce bain et la laisser également pendant une minute, ensuite on la fait sécher.

2e BAIN.

Eau distillée	250	grammes.
Nitrate d'argent	16	—
Nitrate de zinc	8	—
Acide acétique cristallisable	8	—

3ᵉ BAIN.

Eau distillée	250 grammes.
Nitrate d'argent	24 —
Acide acétique cristallisable	15 —

On préparera à volonté l'un ou l'autre de ces bains; ils donneront le même résultat.

On applique la feuille de papier préparée à l'hydriodate d'ammoniaque, sur l'un de ces bains d'un côté seulement, jusqu'à ce qu'elle soit devenue blanche également dans toutes ses parties; en cet état on la retire et on l'applique sur une glace, sur laquelle on a déjà mis une feuille de papier imprégnée d'eau distillée; on passe à la surface une petite règle en verre ou un tube de même matière, de manière à enlever l'excédant d'acéto-azotate, qui n'a pas été décomposé.

Cette manipulation a également pour but de chasser les globules d'air qui se sont formés, et d'obtenir une adhérence plus parfaite de la feuille préparée.

On procède à l'exposition de la chambre noire ; la durée en pleine lumière sera avec un objectif français, de 4 à 10 secondes, avec un allemand un bon tiers de moins. Pour les vues au soleil une seconde tout au plus.

Liqueur accélératrice et rendant l'image visible instantanément.

    Eau saturée d'acide gallique   180 grammes.
    Acétate d'ammoniaque liquide   4   —
Mêlez et filtrez.

Il suffit, pour faire apparaître l'image, de verser sur la glace ou sur la feuille de papier impressionnée, environ un petit verre à liqueur de cette solution composée ; il faut que ce mélange soit répandu bien uniformément sur toute l'étendue du papier.

L'image apparaît immédiatement avec des noirs et des blancs admirables ; elle ne se pique pas. Il faut la surveiller de manière à ne pas laisser les blancs se noircir, on arrête l'action en la plongeant dans une bassine d'eau qu'on renouvelle deux ou trois fois de suite.

On procède au fixage de cette épreuve par les moyens ordinaires ; mais il vaut mieux la fixer d'abord au bromure de potassium, ensuite la laver et la plonger de nouveau pendant 5 ou 10 minutes dans un bain d'hyposulfite préparé aux doses suivantes :

Eau   1 litre.
Hyposulfite   90 grammes.

Laver ensuite à plusieurs eaux et sécher au buvard.

Il est à remarquer que les papiers préparés tout simplement à l'iodure de potassium, 15 grammes pour 250 grammes eau distillée, immergés complétement dans cette liqueur pendant une minute, donnent également de magnifiques résultats, surtout s'ils ont été exposés sur le bain d'acéto-azotate d'argent n° 3 ; c'est-à-dire sans nitrate de zinc, et ensuite traités par l'acide gallique de Molard et Aubrée.

Il faut faire attention au choix du papier; car

étant blanchis au chlorure de chaux il se forme une décomposition qui ressemble à des marbrures, et qui prend une teinte rougeâtre qui voile les blancs du portrait.

Ayant mis en pratique nous-mêmes ce nouveau procédé, et en ayant obtenu de magnifiques résultats, nous sommes heureux d'avoir occasion de remercier M. Humbert de Molard et Aubrée de leur intéressante communication, qui véritablement est un progrès marqué en photographie.

Nous savons du reste par nos relations photographiques, que ce procédé, quelque précieux qu'il soit, n'est qu'un extrait d'un recueil beaucoup plus important que M. Humbert de Molard se propose de publier prochainement. Ce recueil renfermera une série de documents nouveaux qui sont de nature à changer complètement le système photographique employé jusqu'à ce jour ; surtout pour la reproduction des images positives, partie très négligée qui n'a encore subi que très peu d'améliorations.

Quelques spécimens qui nous ont été montrés par des amis, ne nous laissent aucun doute sur la supériorité des résultats qu'on peut obtenir par cette spécialité d'amélioration.

Nous avons surtout admiré les épreuves obtenues par un moyen de planimétrie du papier à l'aide de pierre ponce, et qui peut jusqu'à certain point rivaliser avec la feuille de verre. Les épreuves obtenues par cet habile photographiste, par la voie sèche ne sont pas moins remarquables, par la fermeté du trait et la finesse des détails.

Espérons que l'issue du concours photographique, proposé par la société d'encouragement, auquel M. de Molard prend une part très active, nous apportera la communication de tous les progrès, dont cet habile expérimentateur aura pu enrichir la photographie.

PRÉPARATION

DES PAPIERS NÉGATIFS.

Abréger le temps d'exposition à la chambre noire ou blanche (cette dernière n'étant pas encore très connue, il en sera question dans ce chapitre), obtenir de bons résultats, tel est le but que se proposent tous les Photographistes, et tel est celui que nous croyons avoir atteint en publiant le procédé suivant :

Iodure de potassium	7	grammes
Miel de Narbonne	4	—
Eau distillée	150	—

Ajoutez le miel et l'iodure dans l'eau distillée, quand la solution sera faite, filtrez à travers un papier Joseph.

On mettra cette préparation dans une cuvette en faïence, en porcelaine un peu plus grande que la feuille de papier qu'on veut préparer; ensuite, on immergera pendant une demi-minute environ dans ce bain, une feuille de papier très-fine, d'une texture et d'une pâte bien homogène, très-serrée et assez forte pour pour ne pas se déchirer dans l'eau. On aura la précaution de la retourner afin de détruire les globules d'air qui formeraient des taches blanches sur l'épreuve.

Il faut faire attention que si, pendant cette opéra-tion, il se formaitdes petits points noirs sur la feuille de papier, il faudrait la rejeter et en choisir d'une autre qualité.

Après cette demi-minute d'immersion, on retirera cette feuille qu'on suspendra par un de ses angles, à une épingle en crochet passée à travers une corde. On la laissera sécher à l'ombre, à l'abri de la pous-sière et des chiasses de mouches.

Quand elle sera sèche, on l'enfermera dans un en-

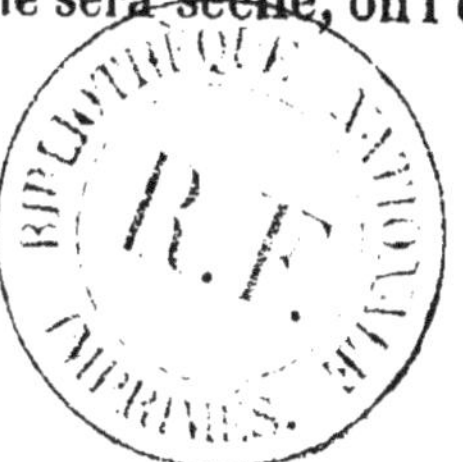

2

droit exempt d'humidité : on peut s'en servir immédiatement ; pour cela, il suffit de l'appliquer à plat, d'un côté seulement, sur la préparation d'acéto-azotate d'argent dont voici la formule :

Nitrate de zinc.	4 grammes.
Nitrate d'argent cristallisé	20 —
Acide acétique cristallisable	8 —
Eau distillée pure, (1).	260 —

On fera d'abord dissoudre le nitrate d'argent dans la moitié de l'eau distillée ; dans l'autre moitié on fera dissoudre le nitrate de zinc, on réunira les deux solutions et on ajoutera l'acide acétique, ensuite on filtrera le tout à travers un papier à filtrer.

Les manipulations qui vont avoir lieu devront être faites dans un cabinet très noir, éclairé seulement par la lueur d'une bougie. La composition d'acéto-azotate d'argent et de zinc étant filtrée, on en verse dans une cuvette en verre ou en porcelaine, une quantité suffisante pour en recouvrir le fond de l'épaisseur d'un centimètre environ ; ensuite on prend une feuille de papier iodurée, on

____

(1) Modifications du procédé Laborie.

l'applique d'un côté seulement sur cette préparation, on la laisse en contact avec cette liqueur jusqu'à ce que la couleur du papier soit devenue parfaitement blanche dans toutes ses parties.

Ici, il est utile de faire observer qu'en prolongeant trop le contact de la feuille de papier ioduré avec le bain d'acéto-azotate d'argent, elle devient transparente, n'a plus de sensibilité et souvent ne donne aucun résultat, parce que le sous-iodure d'argent qui s'était formé s'est dissous dans l'acéto-azotate. Il faut donc choisir le moment où la feuille de papier est d'une teinte blanche et bien uniforme pour la retirer. Alors, on la pose sur une ardoise sur laquelle on a préalablement étendu une feuille de très beau papier humectée d'eau distillée : quand elle est ainsi appliquée, et qu'on a fait disparaître les bulles d'air, on passe sur toute sa surface un pinceau en poil de martre imprégné d'une solution saturée d'acide gallique très pur. Il est indispensable de passer en tous sens le pinceau, afin que la feuille étant uniformément recouverte d'acide gallique, il ne se forme pas de taches.

Cette opération terminée, on met l'ardoise dans

le châssis et on procède à l'exposition à la chambre blanche, qui ne diffère de la noire qu'en ce qu'elle est intérieurement tapissée de papier blanc ou peinte en blanc; l'impression est beaucoup plus rapide sur le papier, en se servant de cette chambre, qu'avec l'ancienne; ainsi, quelques secondes à l'ombre, par une belle lumière et un objectif à court foyer, seront suffisantes pour obtenir un bon portrait qui, par notre nouveau procédé, sera visible en sortant de la chambre d'exposition. (C'est M. Blanquart-Evrard qui, le premier, a fait connaître en France, cette nouvelle chambre.)

Quand la durée de l'exposition a été jugée suffisante, il faut retirer le châssis, le porter dans le cabinet noir, en extraire la feuille de papier impressionnée et la plonger entièrement dans une solution saturée d'acide gallique (1), qu'on aura préalablement versée dans une cuvette en verre ou en porcelaine. (Il ne faut pas mettre beaucoup de

(1) La solution d'acide gallique se prépare en faisant dissoudre dans un litre d'eau distillée autant d'acide gallique qu'elle peut en dissoudre. En ajoutant à cette solution 4 grammes d'acétate d'ammoniaque pour 150 grammes d'acide gallique, l'image apparaîtra immédiatement avec des noirs très intenses et des blancs bien conservés.

cette solution dans la cuvette ; quelques millimètres d'épaisseur seulement, de manière à en recouvrir tout le fond, car il faut la renouveler après qu'elle a saturé deux ou trois épreuves.) On laisse ainsi la feuille de papier en contact avec l'acide gallique jusqu'à ce qu'on juge le portrait suffisamment sorti, c'est-à-dire lorsque les blancs sont assez noirs avec les dégradations de teinte pour les ombres, et que les noirs paraissent bien blancs. Pour qu'un portrait négatif soit bon, il faut d'abord qu'il soit exempt de taches, que les blancs et les noirs soient bien tranchés et que toutes les parties en soient bien dessinées. Alors, on retire ce portrait de l'acide gallique, on le lave immédiatement, et coup sur coup à deux eaux, on le laisse ensuite en contact avec une troisième eau, dans un endroit obscur, pour qu'il se débarrasse complétement des sels et de l'acide gallique en excès dont il était imprégné.

FIXAGE DU PORTRAIT NÉGATIF.

Le portrait débarrassé de l'acide gallique , a besoin d'être fixé; on y procède de la manière suivante :

On le met en contact avec la solution ci-dessous, pendant une demi heure.

Hyposulfite de soude.	125 grammes.
Eau distillée.	1 litre.

On fait fondre le sel dans l'eau distillée, quand il est fondu, la solution est prête à servir.

Après une immersion d'une demi heure, on le retire et on le laisse se débarrasser de l'hyposulfite qu'il contient en le laissant macérer pendant deux heures dans une terrine remplie d'eau ordinaire.

Après, on le sèche entre les feuilles d'un papier buvard ; alors il est prêt à tirer autant d'épreuves positives qu'on voudra.

PRÉPARATION

DES PAPIERS POSITIFS.

Il faut choisir un papier très fort, bien satiné, blanc, sans azur, d'une pâte bien homogène dans ses parties, plutôt opaque que transparente, exempte de taches et de petits points noirs.

Lorsqu'on a fait le choix de son papier, deux procédés peuvent être mis en usage pour l'imprégner des substances qui doivent le rendre propre à recevoir l'empreinte de l'image négative.

1° L'ancien connu de tous les Photographistes.

Le voici :

Sel marin ou chlorure de sodium	20 grammes.
Eau distillée	260 —

On fait dissoudre le sel marin dans l'eau distillée et on filtre.

On verse cette solution dans une cuvette en faïence ou en porcelaine, on dépose sur sa surface, à plat, d'un côté seulement, une feuille de papier, jusqu'à ce qu'elle soit imprégnée de ce chlorure. L'imprégnation est suffisante après cinq minutes de contact. On la retire du bain et on la sèche entre les feuilles d'un cahier de papier buveur jusqu'à ce qu'elle n'accuse aucune trace d'humidité à sa surface. Ce dont il est facile de s'assurer en la regardant sous un angle de 45 degrés; on la dépose ensuite sur le bain argentifère que voici :

Nitrate d'argent cristallisé 30 grammes.

Eau distillée 250 —

On procède ainsi : on met en contact avec ce bain, l'espace de trois minutes environ, le côté de la feuille de papier imprégné de sel, ensuite on la retire, on la laisse un peut égoutter sur ce bain, pour ne pas perdre de nitrate d'argent, et on la suspend par un de ses angles à une épingle en crochet, passée à travers une corde tendue dans un cabinet obscur. On la laisse ainsi sécher à l'abri de la lumière pour s'en servir aussitôt après, ce papier s'altérant très facilement malgré toutes les précautions.

Il faut observer que toutes ces manipulations et celles qui vont suivre devront toujours être faites dans l'obscurité la plus complète.

2° Le nôtre n'est qu'une modification de celui-ci, mais avec lui on obtiendra les plus beaux résultats.

Le voici :

Gélatine en feuille mince très blanche et transparente	8 grammes.
Eau distillée	250 —
Sel très blanc	25 —
Bromure de potassium	3 —

Il faut faire dissoudre la gélatine, à l'aide d'une douce chaleur, dans l'eau distillée. Quand elle est dissoute, on y ajoute le chlorure de sodium et le bromure de potassium; on passe ensuite le tout à travers un linge, préalablement lavé à l'eau distillée pour le débarrasser des sels de lessive qu'il pourrait contenir. On met cette préparation dans une cuvette. On a le soin de la tenir constamment tiède, en la mettant au dessus d'une chaufferette.

On prend alors une feuille de papier préalablement imprégnée de la solution de sel de l'ancien procédé, décrit ci-dessus, on la dépose du côté imprégné sur cette nouvelle préparation; on la laisse ainsi en contact deux minutes environ, après on la retire et la suspend par un de ses angles pour la faire sécher en pleine lumière. On fera bien de préparer ainsi une assez grande quantité de feuilles de papier qui peuvent se conserver indéfiniment.

Quand on veut faire un portrait positif on dépose une de ces feuilles de papier, le côté imprégné de gélatine et de sel sur le bain argentifère ci-dessus:

On la laisse sur ce bain pendant 3 à 4 minutes environ ; après on la retire et on la suspend dans un cabinet très noir où on la laisse sécher. Aussitôt qu'elle est parfaitement sèche, on peut s'en servir; pour cela, on procède ainsi (toujours dans un cabinet éclairé seulement par la lueur d'une bougie).

On a un châssis à décalquer muni de deux glaces qui sont réunies au moyen de charnières, et enfermées dans une espèce de boîte recouverte par la glace supérieure. Sur la glace du fond est collé au moyen de colle forte un morceau de drap noir bien fin et bien uni ; on applique sur ce drap la feuille de papier positif qu'on fait adhérer à la glace en collant légèrement les bords avec une solution épaisse de gomme arabique; il est bien entendu que le côté du papier préparé doit faire face à la glace supérieure, sur laquelle on a également collé par les bords le

papier négatif, le côté imprimé faisant face au papier
positif, on ferme l'appareil et les deux feuilles de
papier, le positif et le négatif se trouvent face à face ;
le châssis étant fermé, on l'expose à la lumière so-
laire. Le temps d'exposition variera entre cinq et dix
minutes et plus, suivant le degré de lumière et l'heure à laquelle on opère. On peut regarder l'épreuve
positive aussi souvent qu'on le voudra, pourvu que
ce soit dans le cabinet noir ; car cet ingénieux châssis est préparé de façon qu'il ne peut y avoir aucun
dérangement en l'ouvrant, l'image négative recou-
vrira toujours parfaitement la positive ; on sera par ce
moyen, assuré d'avoir une bonne épreuve à chaque
fois, puisqu'on pourra la retirer à la nuance qu'on
voudra lui donner.

Nous avons appris que cet ingénieux châssis, qui a
subi d'importantes modifications, au point de n'avoir
plus besoin de coller les épreuves comme nous ve-
nons de le dire, était de l'invention de M. Romieu,
rue de Rambuteau, marchand de fournitures de daguerréotypes, et Trois Gros, habile ébéniste connu
de tous les fournisseurs de Paris, pour la perfection,
la beauté et la solidité de ces articles d'ébénisterie,

(ce châssis est breveté). Nous avons remarqué avec satisfaction que ce châssis était disposé de façon à pouvoir servir à la reproduction des portraits négatifs sur verre : nous ne saurions trop engager MM. les Photographistes à faire l'acquisition de ce nouvel appareil, qui leur évitera bien des déceptions.

Quand on juge l'épreuve suffisamment vigoureuse, on la retire du châssis et on la plonge dans une cuvette remplie d'eau, qu'on renouvelle deux à trois fois ; on la laisse ensuite en contact avec l'eau pendant une heure, afin qu'elle puisse se débarrasser de l'excédant des sels dont elle était imprégnée. Cela fait, on retire l'épreuve de l'eau, et on procède au fixage, qui se fait de la manière suivante :

> Hyposulfite de soude   70   grammes.
> Eau distillée   600   —

On fait dissoudre l'hyposulfite de soude dans l'eau distillée ; quand il est parfaitement dissous, on y plonge l'épreuve positive, qu'on aura eu le soin de tenir assez vigoureuse pour qu'elle puisse résister à l'action de ce bain sans perdre ses demi-teintes. On laisse l'épreuve en contact avec ce bain jusqu'à ce qu'elle soit suffisamment fixée, une heure à peu près. Cette épreuve aura une teinte rousse, mais qu'on lui fera perdre en la plongeant de nouveau encore tout imprégnée d'hyposulfite dans un bain préparé de la manière suivante :

Eau distillée 280 grammes.

Acide nitrique 15 —

Il faut observer l'épreuve, qui change immédiatement de couleur ; elle devient lilas, puis chocolat et noire : il faut la retirer lorsqu'elle commence à noircir, car nous avons remarqué qu'un trop long contact avec ce bain voilait l'épreuve, et lui donnait une teinte jaune soufrée détestable. On la retire du bain, et on la met de nouveau dans une cuvette remplie d'eau, qu'on renouvellera deux fois : on la laissera dans l'eau environ une heure, et puis on la séchera entre des feuilles de papier buveur.

L'épreuve, traitée par ce bain nitrique, acquiert une grande vigueur de ton, devient plus douce, et ses demi-teintes plus prononcées.

Nous sommes redevables de ce nouveau procédé à la communication que M. Aubrée en a faite à l'académie des sciences, et qu'il a publiée récemment dans son traité pratique de photographie. Espérons que, bientôt, de nouvelles publications apporteront encore quelque nouveau perfectionnement à un art si attrayant, et pourtant rempli de tant de déceptions.

PHOTOGRAPHIE

SUR VERRE.

Nous devons à M. Niepce de St-Victor, inventeur de la Photographie sur verre, à quelques modifications près, les divers procédés employés par beaucoup de Photographistes distingués pour obtenir des épreuves négatives sur verre au moyen de l'albumine. La beauté des résultats obtenus aujourd'hui a électrisé les amateurs, qui attendent avec impatience quelques nouvelles publications relatives à la Photographie sur verre.

Les modifications nouvellement apportées aux

procédés déjà connus ont fait faire un grand pas à cet art encore à l'enfance.

Que chaque Photographiste expérimente, qu'il livre à la publicité les utiles innovations qu'il aura faites, bientôt la Photographie sur verre et sur papier aura distancé la Photographie sur plaque, son aînée.

Les manipulations ennuyeuses et assez difficiles, qu'on est obligé de mettre en usage pour préparer les feuilles de verre, ont été, pour beaucoup, un sujet de découragement; aussi, dès les premiers essais, ils ont tout abandonné, attendant de l'avenir des procédés plus simples.

D'autres, au contraire, stimulés par ces difficultés, ont voulu les vaincre; ils y ont réussi à force de patience et de persévérance : aussi c'est à eux que nous sommes redevables des progrès que nous faisons chaque jour.

La beauté des épreuves exposées chez quelques opticiens et sur les boulevarts, notamment sur celui des Italiens, nous prouve que : *labor improbus omnia vincit.*

DU VERRE

ET DE SES DIVERSES PRÉPARATIONS.

Il faut choisir des feuilles de verre sans globules, sans raies, et surtout bien blanches; on les fait ensuite couper de la grandeur du châssis auquel on les destine.

Avant de les recouvrir de la préparation dont nous allons parler, il est utile de les laver avec de l'eau et de la craie. Quand elles sont essuyées et qu'il ne reste plus aucune trace de craie, on passe à leur surface un petit chiffon de toile blanche imbibé d'esprit

de vin, afin de détruire les corps gras qui pourraient
y adhérer. Cela fait, on met un peu de feu dans une
chaufferette et on pose à sa surface une feuille de
verre, afin qu'elle soit bien sèche et qu'elle ait un
léger degré de chaleur utile pour faire adhérer sans
interruption la préparation que voici :

Blancs d'œufs	125 grammes.
Iodure de potassium	7 —
Bromure idem	1 —
Miel blanc	4 —

Pour faire cette préparation, on commence par
battre les blancs d'œufs dans une assiette creuse
avec un petit balai d'osier ou bien avec une four-
chette en bois. Quand ils sont réduits en écume mous-
seuse on les laisse reposer jusqu'à ce que l'albumine
soit devenue transparente alors on retire l'écume qui
surnage et on fait dissoudre l'iodure, le bromure et
le miel.

Pour appliquer cette préparation sur les glaces,
divers procédés sont mis en usage; les uns consistent à étendre bien uniformément sur toute la surface du verre très légèrement échauffé, une certaine

quantité du mélange ci-dessus à l'aide d'un gros pinceau en poil de martre, en ayant la précaution de
détruire les globules au fur et à mesure qu'ils se for
ment.

Les autres consistent à verser tout simplement
sur les feuilles de verre préparées comme nous l'avons
dit une certaine quantité du même mélange, qui se
trouve retenu à leur surface au moyen d'un léger
rebord de cire ramollie ou d'une autre substance légèrement agglutinative qui fait tout le tour des glaces.

Pour notre usage nous nous servons habituelle-
ment du pinceau, mais quelque soit le *modus agendi*
mis en pratique, il faut laisser sécher ces feuilles de
verre sur le dessus d'une commode ou d'une planche
à l'abri de la poussière.

Quand elles sont sèches au point de ne pouvoir
couler, on les pose sur des claies d'osier superposées
au dessus les unes des autres, et on les porte au four
d'un boulanger dans lequel on ne les laisse que cinq
à six minutes. Il ne faut les introduire que lorsque
le pain en a été retiré.

On peut ainsi préparer la quantité de feuilles de
verre qu'on désire conserver; il faut les tenir constam

ment à l'abri de la poussière et dans un endroit sec.

Lorsqu'on veut reproduire un monument ou un portrait, on prend une de ces feuilles de verre, on fait disparaître la poussière qui pourrait y adhérer, ensuite on plonge d'un seul coup, (le côté ioduré vous faisant face), dans un bain d'acéto-azotate d'argent préparé absoluuent comme celui dont nous avons donné la formule pour le papier négatif. On l'y laisse huit à dix secondes environ; après on la retire, on la pose dans le châssis, et on procède à l'exposition de la chambre noire ou blanche. Le temps d'exposition variera de trois à dix minutes suivant l'intensité de la lumière, l'heure à laquelle on opère et la longueur du foyer de l'objectif dont on se sert.

Quand on juge la durée de l'exposition suffisante, on retire la feuille de verre du châssis et on la plonge dans un bain d'eau saturée d'acide gallique (toujours le côté impressionné faisant face); on l'y laisse jusqu'à ce que l'épreuve soit bien apparente. Il ne faut pas s'impatienter;car la réaction a lieu très lentement. Lorsque l'épreuve est arrivée au point convenable, on la lave à grande eau dans une cuvette en faïence ou en zinc verni, ensuite on procède à son fixage.

fixage qui a lieu de la même manière que celui mis en usage pour le papier négatif. Etant fixée, on la lave de nouveau et on la laisse sécher; elle peut alors donner autant d'épreuves positives qu'on voudra en obtenir.

A cet effet on se sert du papier positif gélatiné préparé par notre procédé; et du châssis Romieu et compagnie. Il faudra avant de retirer le papier positif imprimé, examiner la nuance qu'il aura prise au soleil; il faut pour avoir beaucoup de vigueur, que cette nuance soit bronze verdâtre; bleu ou lilas ne donnent que des teintes faibles qui ne pourraient supporter le bain d'hyposulfite.

On terminera le fixage de l'épreuve en suivant les procédés que nous avons décrits pour nos papiers positifs.

DE LA PLAQUE,

PROCÉDÉ AMÉRICAIN.

Le procédé américain, quoique généralement répandu partout, n'est pas mis en pratique par tous les daguerréotypeurs comme il devrait l'être, c'est-à-dire, avec toutes les conditions indispensables à la réussite d'un bon portrait.

Si ces quelques communications, que nous faisons sans prétention, peuvent être utiles à quelqu'un, nous serons satisfaits.

Pour ne pas entrer dans tous ces détails de la photographie sur plaque, nous supposons que ceux auxquels nous nous adressons connaissent déjà la condition nécessaire pour obtenir une bonne épreuve par les procédés ordinaires.

Bon plaqué.

Polissage irréprochable.

Mercure pur.

Un objectif parfait.

Cette notice n'a pour but que de faire connaître les nuances que doivent avoir les plaques lorsqu'elles ont été exposées sur les substances accélératrices ; connaissance indispensable pour éviter les déceptions.

Nous devons faire observer qu'il faut s'habituer à ne regarder les plaques sur le bromure de chaux et au retour sur l'iode qu'à une très faible lumière.

NUANCES QUE DOIVENT AVOIR LES PLAQUES POUR OBTENIR DE BONS PORTRAITS.

Iode.	*Bromure.*	*Retour.*
1. Jaune paille,	— Jaune serin	— Jaune d'or.
2. Jaune serin,	— Jaune d'or,	— Rose tendre.
3. Jaune d'or,	— Rose tendre,	— Lilas.
4. Rose tendre,	— Lilas,	— Violet.
5. Lilas,	— Violet,	— Bleu.
6. Violet,	— Bleu,	— Gris d'acier.
7. Bleu,	— Gris d'acier,	— Vert foncé.
8. Gris,	— Vert foncé,	— Vert feuil. mor.
9. Vert foncé,	— Vert feuil. mor.	— Jaune.
10. Vert feuilles mortes,	On n'obtient que des épreu-	
11. Jaune.	ves voilées.	

Ainsi on peut vor par le tableau qui précède, toutes les nuances que prennent les plaques, sur l'iode, sur ce bromure et au retour de l'iode.

La condition essentielle pour obtenir une bonne épreuve, est que le brôme et l'iode soient dans des rapports favorables, et ils le seront constamment en donnant aux plaques les nuances indiquées au tableau; elles sont supérieures les unes aux autres d'un degré seulement.

En hiver, ou par un temps sombre, nous recommandons les nuances 2, 3, et 4; dans l'été, en belle lumière, les teintes nos 5, 6 et 7. On peut essayer de toutes les nuances; mais celles qui donnent les meilleurs résultats, sont en été, les 5 et 6.

En terminant cet opuscule, nous croyons devoir engager les photographistes, les artistes et tous ceux qui désirent le progrès de ce nouvel art, à s'abonner un excellent journal de photographie qui paraît chaque semaine, rue de l'Arcade, 15, à Paris.

Ce journal intitulé LA LUMIÈRE, justifie le titre qu'il porte; car chaque jour il éclaire, il guide le photographiste incertain et le fait marcher à grands pas dans la voie du progrès.

Chaque semaine, nouvelle communication relative aux beaux arts et aux sciences; chaque semaine nouveaux procédés photographiques. La Lumière ne reste pas en arrière de la tâche qu'elle s'est imposée; elle éclaire non-seulement l'humble daguerréotypeur, nomade, routinier et marchant à tâtons faute d'un guide; mais elle répand encore ses bienfaits sur les plus savants, qui puisent dans ses conseils les éléments de nouvelles découvertes.

Nous devons nous-même à cet intéressant journal la connaissance de nouveaux et excellents procédés photographiques, qui nous ont été d'une grande utilité et auxquels nous devons le peu de progrès que nous avons fait.

Que Messieurs les membres de la société héliographique, que les savants et spirituels rédacteurs du journal la Lumière, et que M. de Monfort en particulier, qui, par son zèle et son amour de l'art héliographique, a contribué à la fondation de ce journal, reçoivent l'hommage sincère de nos remerciements et de notre considération.

UN COLLABORATEUR.

Pour les leçons pratiques et tout ce qui concerne la photographie, s'adresser à M. Romieu, rue Rambuteau, 15.

FIN

9 782329 661438